El
Día del Veterano
Maria Koran
EYEDISCOVER

Ve a **www.openlightbox.com** e ingresa el código único de este libro.

CÓDIGO DEL LIBRO

AVB82288

EYEDISCOVER te trae libros mejorados por multimedia que apoyan el aprendizaje activo.

Published by Lightbox Learning Inc.
276 5th Avenue, Suite 704 #917
New York, NY 10001
Website: www.openlightbox.com

Library of Congress Control Number: 2021950762

ISBN 978-1-7911-4395-4 (hardcover)

Printed in Guangzhou, China
1 2 3 4 5 6 7 8 9 0 25 24 23 22 21

122021
102521

English Editor: John Willis
Spanish Editor: Ana María Vidal
Designers: Mandy Christiansen
Spanish/English Translator: Translation Services USA

Lightbox Learning Inc. acknowledges Getty Images, iStock, and Shutterstock as the primary image suppliers for this title.

EYEDISCOVER proporciona contenido enriquecido, optimizado para el uso en tabletas, que complementa este libro. Los libros de EYEDISCOVER se esfuerzan por crear un aprendizaje inspirado e involucrar a las mentes jóvenes en una experiencia de aprendizaje total.

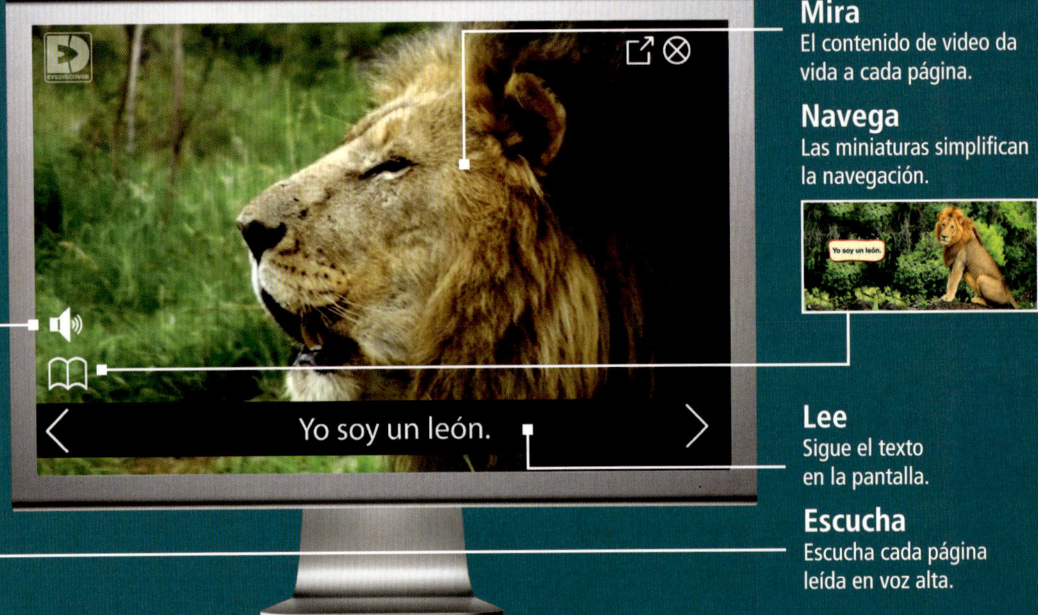

Tu EYEDISCOVER con Seguimiento de Lectura Óptico cobra vida con...

Audio
Escucha todo el libro leído en voz alta.

Video
Los videos de alta resolución convierten cada hoja en un seguimiento de lectura óptico.

OPTIMIZADO PARA
- TABLETAS
- PIZARRAS ELECTRÓNICAS
- COMPUTADORES
- ¡Y MUCHO MÁS!

Este título es parte de nuestra suscripción digital de EyeDiscover

1-año de suscripción
ISBN 978-1-4896-8346-5

Accede a todos los títulos de EyeDiscover con nuestra suscripción digital.
Regístrate para una prueba GRATUITA en www.openlightbox.com/tr

El Día del Veterano

En este libro aprenderás

- qué es
- por qué se celebra
- cómo se celebra

¡y mucho más!

El Día del Veterano se celebra en los Estados Unidos todos los 11 de noviembre.

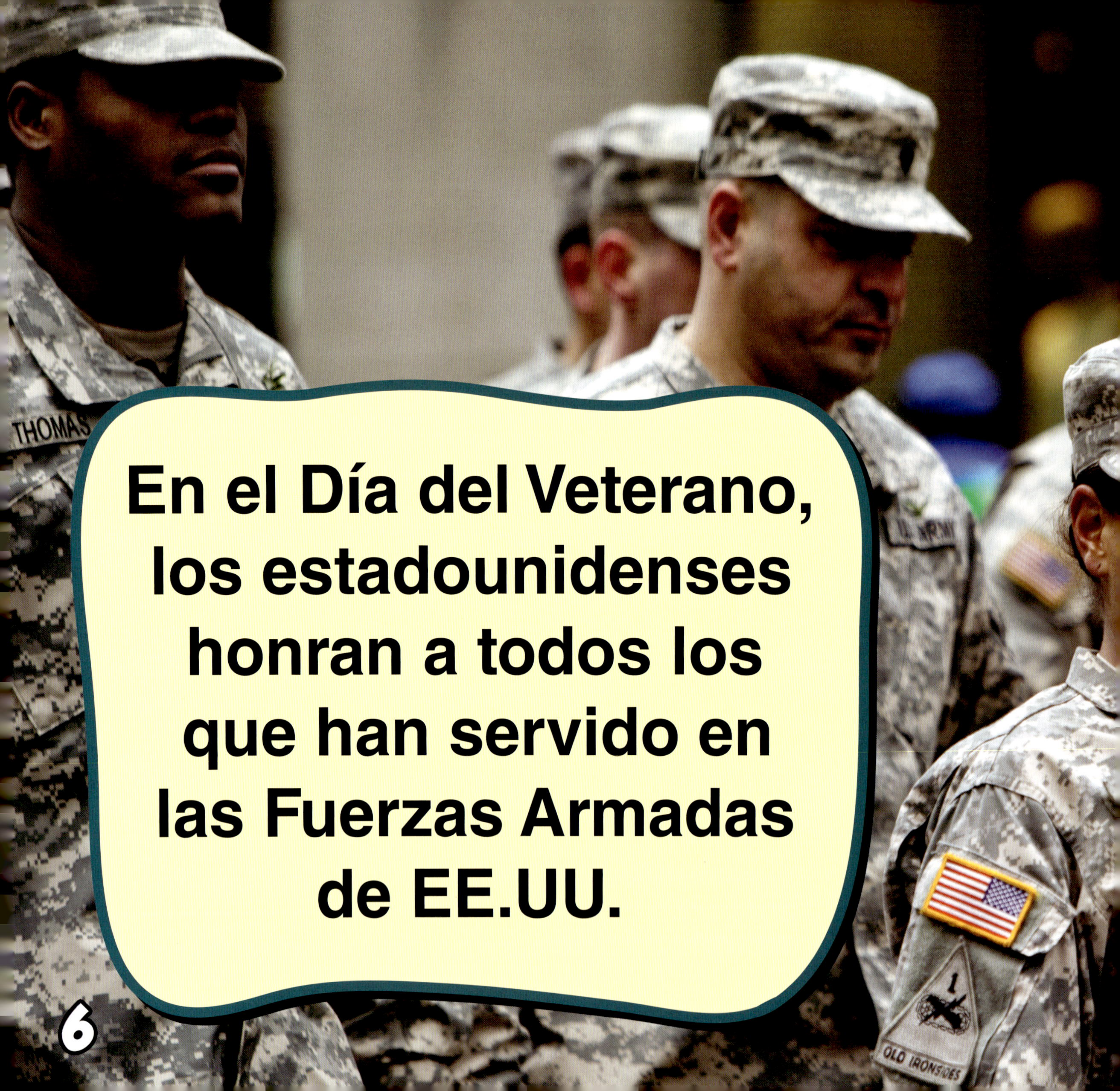

En el Día del Veterano, los estadounidenses honran a todos los que han servido en las Fuerzas Armadas de EE.UU.

HEINTZ
US

Se rinde homenaje a los veteranos por su heroísmo y patriotismo.

El Día del Veterano solía llamarse el Día del Armisticio y celebraba el fin de la Primera Guerra Mundial. Hoy, conmemora a todos los veteranos estadounidenses.

TEAM
Canon

El Día del Veterano se celebra con desfiles en todo el país. El desfile más grande es el de la Ciudad de Nueva York.

Cada Día del Veterano se realiza una ceremonia conmemorativa en el Cementerio Nacional de Arlington, en Virginia.

VERNON
EARL
WASHINGTON
CON W
REED
CLANCY G
DRAKE
WASHINGTON
US MARINE CORPS
VIETNAM
WILLIAM
BERNARD
GARRISON
WASHINGTON
WORLD WAR II
CECIL
ANDREW
EDWARD
HAROLD
RODIN
WASHINGTON
US NAVY
DANIEL T
HUFFMAN
INDIANA
US ARMY

HERE RESTS IN
HONORED GLORY
AN AMERICAN
SOLDIER
KNOWN BUT TO GOD

En el Cementerio Nacional de Arlington hay un monumento muy importante. Se llama la Tumba del soldado desconocido.

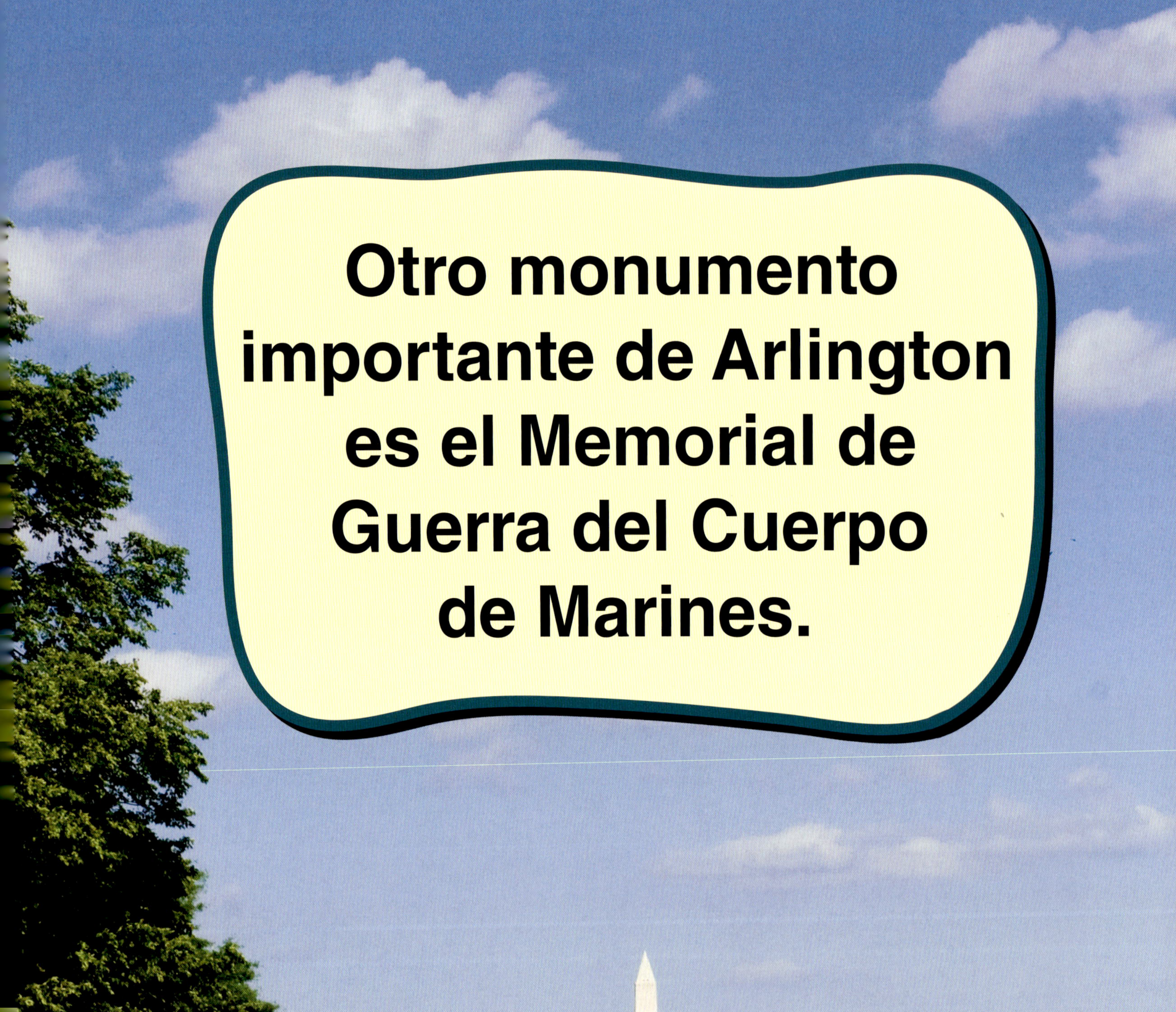

Otro monumento importante de Arlington es el Memorial de Guerra del Cuerpo de Marines.

El Día del Veterano, la gente hace flamear la bandera estadounidense en señal de apoyo a las fuerzas militares de los Estados Unidos.

EL DÍA DEL VETERANO EN NÚMEROS

Cerca de 25 000 veteranos asisten todos los años al desfile por el Día del Veterano que se realiza en la Ciudad de Nueva York.

Estados Unidos tiene aproximadamente **1,3 millones** de miembros en servicio militar activo.

Las **Fuerzas Armadas** de los Estados Unidos tienen **seis ramas**.

El Día del Armisticio se convirtió en el **Día del Veterano** en 1954.

Hay cerca de **20,4 millones** de **veteranos** en los Estados Unidos.

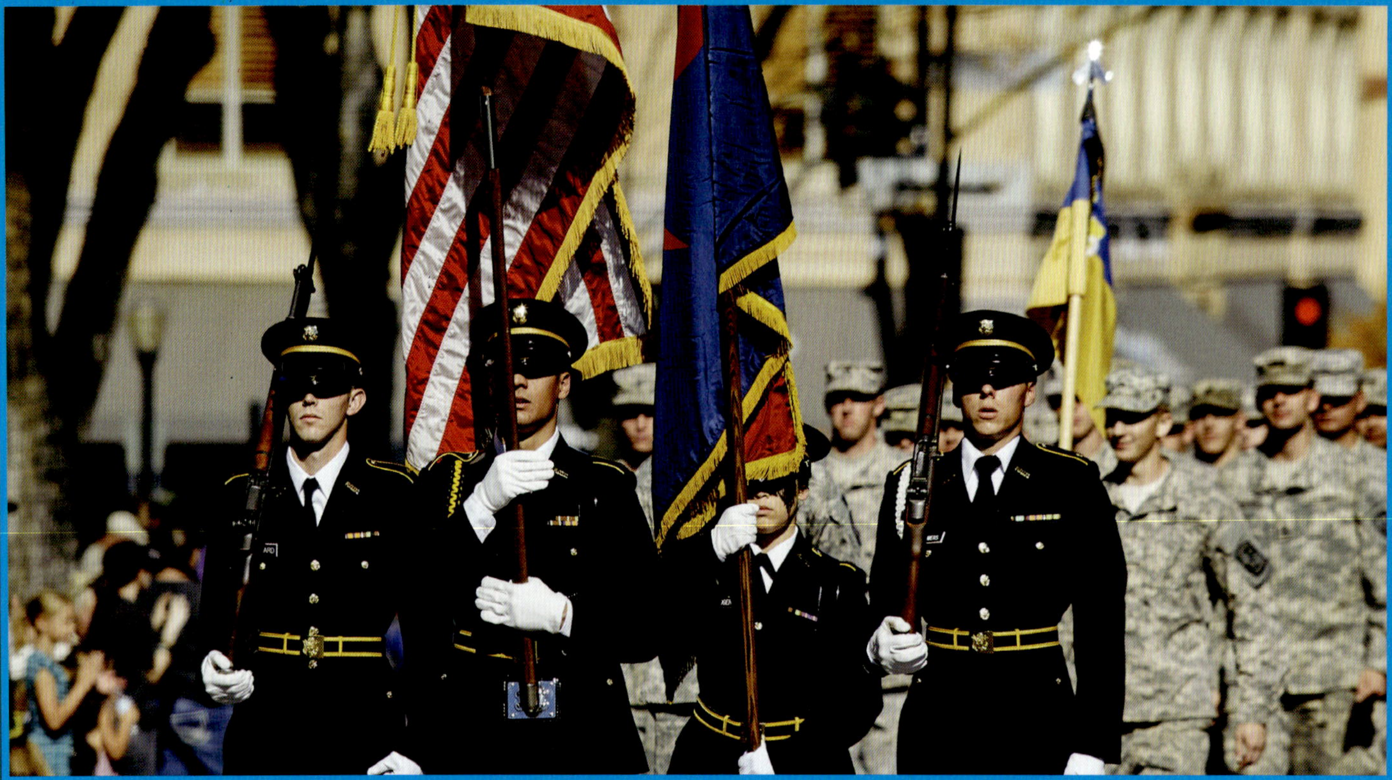

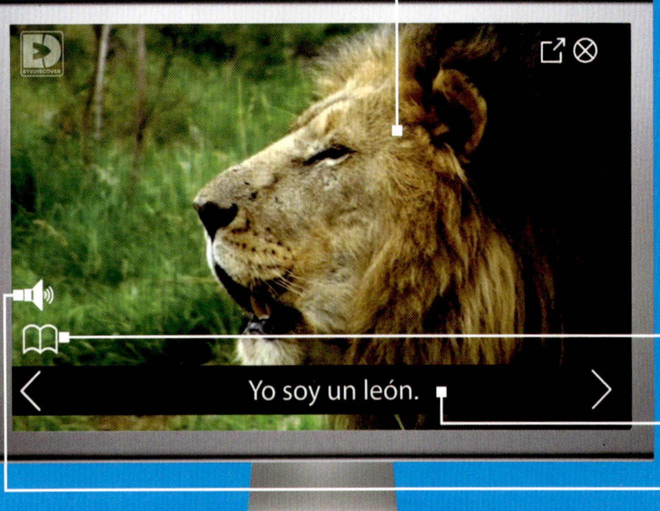

Mira
El contenido de video da vida a cada página.

Navega
Las miniaturas simplifican la navegación.

Lee
Sigue el texto en la pantalla.

Escucha
Escucha cada página leída en voz alta.

Ve a www.openlightbox.com e ingresa el código único de este libro.

CÓDIGO DEL LIBRO

AVB82288